TOPOGRAPHIE

MILITAIRE

SIMPLIFIÉE.

TYPOGRAPHIE DE FÉLIX MALTESTE ET Cie,
Rue des Deux-Portes-St-Sauveur, 18

TOPOGRAPHIE MILITAIRE

SIMPLIFIÉE,

MÉTHODE NOUVELLE POUR APPRENDRE EN PEU DE JOURS,
SANS LE SECOURS DE LA GÉOMÉTRIE,
A LEVER LE TERRAIN ET A EN FIGURER LE RELIEF,
SUIVIE
DE TOUS LES RENSEIGNEMENS NÉCESSAIRES A L'EXÉCUTION
DU DESSIN ET A LA RÉDACTION DU MÉMOIRE
DESCRIPTIF,

Avec Planches coloriées,

PAR L. ROUX,
Sous-Lieutenant au 13e de ligne.

Paris,
CHEZ BLOT,
Imprimeur-Lithographe et Libraire pour l'Armée,
33, PLACE DE L'HÔTEL-DE-VILLE.

Afin de réduire autant que possible le prix de cet ouvrage, considérablement accru par la lithographie et la mise en couleur des planches, le texte a été imprimé en caractère compacte.

Il sera adressé sans frais de port aux personnes qui en feront la demande affranchie.

TOPOGRAPHIE MILITAIRE

SIMPLIFIÉE.

DÉFINITIONS GÉNÉRALES.

Dans toute opération militaire, il importe de connaître à l'avance le terrain sur lequel on doit agir. L'exécution d'un dessin qui le représente remplit ce but, et constitue la *Topographie*.

Ce dessin, tracé sur une surface plane ou *plan*, ne pourra, à la rigueur, reproduire que l'emplacement des lieux ; mais ces conventions graphiques suffiront pour manifester les accidens qui le font différer d'une surface parfaitement unie.

De là la division de la topographie en deux parties.

La *Planimétrie*, représentation du terrain supposé parfaitement plat.

Le *Nivellement*, représentation des formes et des mouvemens du sol.

I

PLANIMÉTRIE.

Le but de la Planimétrie est, ainsi que nous venons de le dire, de représenter le terrain, dans la supposition qu'aucun accident n'altère sa régularité.

Cette représentation aura lieu par le dessin des contours affectés par les routes, les chemins, les cours d'eau, les habitations, etc.

Ces contours seront tracés de la manière la plus simple et la plus naturelle en établissant successivement les points qui en font partie, et les joignant entre eux.

La Planimétrie se réduira donc à la détermination sur le plan d'un point du terrain.

Il y a trois manières de déterminer un point.

PREMIER MOYEN.

Prenons une tablette unie, soit de bois, soit de carton, supportée par un trépied ou tout autre objet qui permette de l'établir d'une manière stable, tout en lui laissant un mouvement de rotation horizontal.

Cet appareil est une *planchette*.

Transportons-le, après y avoir collé une feuille de papier, sur le terrain supposé uni, en un point *A* (*fig.* 1) que nous nommerons *point de station*, et marquons sur la tablette un point *a* qui représentera *A*.

Visons avec une règle épaisse, ou une lunette fixée au-dessus, le point *B*. La ligne droite *a b* tracée le long de la règle présentera la direction *A B*.

Traçons de même *a c* en visant *A C*, *a c* sera la représentation de *A C* du terrain, et l'angle *c a b* celle de *C A B* ; car si on abaissait la planchette contre le sol, *A B* et *A C* se confondraient avec *a b* et *a c*.

Transportons-nous en *B*. Le point *b* qui représentera *B* doit se trouver sur *a b* qui représente *A B*; mais comme aucune raison ne fixe jusqu'ici la longueur de *a b*, on peut la prendre à volonté.

En établissant la planchette en *B*, comme on l'a fait en *A*, *b* au-dessus de *B*, *b a* dans la direction de *B A*, ce qui s'appelle se décliner sur *A B*, et à quoi on arrive en plaçant la règle contre *b a* et tournant la tablette jusqu'à ce que le prolongement passe en *A*, la ligne *b c* qu'on tracera en visant *C* représentera *C B*.

Le point de rencontre de *a c* et *b c* sera l'emplacement sur le plan du point *C* où se coupent *A C* et *B C*.

En opérant de la même manière on déterminera autant qu'on le voudra de points *C*, *D*, *E*, (*fig.* 2) qui eux-mêmes pourront servir à en déterminer d'autres comme *F*, *G*.

La ligne *A B* dont on s'est servi pour avoir les premiers points est la *base* du plan.

Les points *C*, *D*, *E*, déterminés à l'aide de la base, s'appellent *points principaux*.

F, *G*, déterminés à l'aide des points principaux, *points secondaires ou de détail*.

Remarquons que si, au lieu de prendre *A*, *a* et *B*, *b* (*fig.* 1) pour points de départ, on eût choisi *A*, *a* et *C*, *c* et opéré sur *A C*, le point *b* eût été trouvé à la place même qu'il occupe sur le plan.

Cela prouve que l'angle *a c b* est égal à l'angle *A C B*, et qu'en général les angles des lignes du plan sont égaux à ceux des lignes qu'ils représentent.

Une démonstration semblable montrerait les relations qui doivent exister entre les longueurs.

Supposons, pour fixer les idees, que la distance *a b* qui a été prise à volonté soit la millième partie de *A B* ; *a c* sera aussi la millième partie de *A C*, et il en sera de même pour toutes les autres lignes du plan qui vaudront une partie des distances du terrain marquée par le rapport de la base choisie sur le papier à la longueur correspondante du sol.

Ce rapport se nomme *l'échelle*.

Ainsi, on dit qu'un plan est à l'échelle $\frac{1}{1000}$, $\frac{1}{10000}$ $\frac{1}{20000}$ selon que les lignes *ab*, *cd*, *cf*, sont $\frac{1}{1000}$, $\frac{1}{10000}$, $\frac{1}{20000}$ de *A B*, *C D*, *E F*.

Lorsqu'on connaîtra la longueur d'une ligne du terrain, on obtiendra celle de la ligne correspondante du plan en multipliant la première par l'échelle, et quand on connaîtra la longueur d'une ligne du plan, on aura celle de la ligne du terrain, en multipliant par l'échelle renversée.

Ainsi à l'échelle $\frac{1}{20000}$, $a\ c = A\ C\ \frac{1}{20000}$.

et $A\ C = 20000\ a\ c$.

De là un second moyen de déterminer un point.

DEUXIÈME MOYEN.

Après avoir tracé *a b* (*fig.* 3), établi le point *b* à la distance voulue, telle par exemple que *a b* soit 1/10,000 de *A B*, visé la ligne *a c*, si on prend sur cette dernière une longueur *a c* telle qu'elle soit aussi la 10,000e partie de la distance de *A* en *C*, le point *c* représentera *C*.

Par le premier moyen, on obtient le point sans s'y transporter, il suffit qu'il soit visible des deux extrémités d'une base. Par le second on se transporte au point à déterminer en mesurant le chemin qui le sépare de l'une des extrémités de la base.

DE LA BOUSSOLE.

Dans les deux cas, on est obligé de se décliner sur une ligne déjà tracée ; l'addition d'une boussole à la planchette va encore simplifier ces procédés.

La boussole consiste en une aiguille *m n* d'acier suspendue sur un pivot *o* (*fig.* 4), et que l'aimantation a douée de la propriété de se placer constamment dans la même direction. Cette aiguille, contenue dans une boîte fermée par un verre pour être à l'abri du vent, a l'une de ses pointes, celle qui se tourne à peu près vers le Nord, colorée en bleu.

Fixons la boussole sur la tablette et marquons, après avoir décliné la planchette sur *A B*, le point *p*, où s'établit la pointe *n* de l'aiguille, dont la direction sera *m o n*.

Cette opération s'appelle régler la boussole.

Tant que la pointe *n* (*fig.* 5, 1) sera contre *p*, on sera certain que *a b* sera dirigé sur *A B* ; on pourra donc, sans se préoccuper davantage de la position de la planchette, tracer toutes les directions qu'on voudra autour du point *A*.

Si on fait venir la planchette en *C* (*fig.* 2), *a c* glissant sur *A C*, l'aiguille ne variera pas dans sa position, et il suffira encore de s'assurer que *n* est en *p* pour être certain d'être placé aussi régulièrement que si on s'était décliné comme en *A*.

Ce raisonnement s'appliquerait de la même manière à un point quelconque, et, en général, en toute station il suffit, pour être décliné, d'établir la planchette de manière à amener l'aiguille au même point qu'au départ.

Ces considérations ont fait donner à la boussole ainsi employée le nom de *déclinatoire*.

Elles fournissent un troisième moyen de déterminer un point.

TROISIÈME MOYEN.

La planchette étant en *D* (*fig.* 5, 3), déclinée au moyen de l'aiguille, cherchons *d* à l'aide de *a* et *b* représentant *A* et *B*. Si *d* était connu les lignes *a d* et *b d* seraient placées au-dessus de *A D* et *B D*, passant l'une par *a* et *A*, l'autre par *b* et *B*.

Donc, si on vise *A* par la pointe *a*, la ligne tracée sera *a d*, et si on vise *B* par *b* on aura *b d*, et *d* au point de rencontre.

....

Ce moyen, comme on le voit, peut s'appliquer à la détermination d'un point quelconque, si on en aperçoit deux autres points déjà placés sur le plan.

La figure 6 rend d'ailleurs sensible la distinction entre les trois moyens que nous venons d'enseigner.

A et *B* étant des points connus, *A B* sert de base, *C* est déterminé par le premier moyen, *D* par le second, *E* par le troisième.

Sachant trouver un point on lèvera avec la plus grande facilité :

Une ligne droite par deux de ses points (*fig.* 7, 1), ou par un point et sa direction visée ;

Une ligne brisée en levant successivement les portions de lignes droites qui la composent (*fig.* 7, 2) ;

Une ligne courbe, en la divisant en parties assez petites pour que chacune puisse être considérée comme une ligne droite, ou en voyant à quelle distance ses points sont, soit d'une ligne droite, soit d'un point connu (*fig.* 7, 3 et 4) ;

Une surface de forme quelconque au moyen de son contour (*fig.* 7, 5).

DES ÉCHELLES.

Dans les constructions de points que nous avons exposées, on a dû voir qu'il entre toujours une ou deux lignes *a b*, *a c*, représentant des longueurs naturelles *A B*, *A C*, avec lesquelles elles ont un rapport connu, qui est l'échelle: il est donc indispensable de savoir trouver ces longueurs.

Nous avons fait voir comment la longueur de la ligne naturelle amenait à celle de la ligne du plan qui la représente; il suffit donc d'évaluer les dimensions sur le terrain.

On prend une chaîne d'une longueur connue, 10 mètres par exemple, sur laquelle sont marquées les divisions inférieures jusqu'au décimètre, on en place une extrémité à l'extrémité *A* de la ligne à mesurer (*fig.* 8), et en la tendant on la fait aboutir en *m*, on la transporte de *A* en *m'* pour la faire aboutir en *m''* et on continue ainsi jusqu'à l'extrémité *B*, qui sera sans doute dépassée par le bout de droite, mais dont on estimera la distance à la tête de la chaîne par le nombre de fractions contenues; puis on dira:

De *A* en *B* on a porté la chaîne six fois, et il restait $6^m,50$; on pourrait donc reproduire la même longueur en ajoutant les unes aux autres 6 chaînes de 10 mètres et une de $6^m,50$, ce qui donne évidemment $36^m,50$ pour la longueur de *A B*.

On pourrait encore mesurer *A B* au pas; mais le pas de chaque individu étant variable, il faut pouvoir exprimer en mètres la longueur trouvée, et pour cela connaître la valeur de chaque pas : c'est ce qu'on appelle l'*étalonner*.

A cet effet, on mesure à la chaîne une longueur que l'on parcourt au pas. Soient 40 ^{m} en 60 pas : chaque pas vaut donc 40/60 ^{m} ou 2/3 de mètre = 0 ^{m}, 67.

Si une autre distance est parcourue en 84 pas, c'est qu'elle contiendra quatre-vingt-quatre fois 2/3 de mètre ou 56 mètres.

Cette longueur trouvée sur le terrain de 56 mètres serait sur le plan, selon l'échelle, de 56^{mm} au 1/10000, 5^{mm}, 6 au 1/10000, de 2 ^{mm}, 8 au 1/20000, etc. Ce calcul serait répété pour chaque ligne mesurée ; mais nous allons voir comment, pour éviter ces opérations, on trace d'avance, et pour une échelle donnée, les longueurs du plan correspondantes à celles mesurées sur le terrain, de manière à n'avoir plus qu'à les prendre avec un compas et les porter sur le dessin.

Nous supposerons que l'échelle soit au 1/20000 et les longueurs mesurées au pas, ce qui a lieu le plus ordinairement dans les levés militaires.

Les distances plus considérables que 400 à 500 pas devront être évitées, à cause des irrégularités inséparables de la marche et qui pourraient produire des erreurs très sensibles.

Soient donc 50 pas égaux à 30 ^{m}. Un pas vaudra 0 ^{m}, 60, et au 1/20000 = 0 ^{mm}, 03.

La plus grande longueur à mesurer, 500 pas, vaut 500 × 0 ^{mm}, 03 = 15 ^{mm}.

Traçons une ligne de 15 ^{mm} (*fig.* 9). Le nombre décimal complet inférieur est 100 mètres qui vaut 3 ^{mm} ; portons à partir de son extrémité de gauche des longueurs de 3 ^{mm} qui représenteront 100 pas.

On pourrait encore diviser ces dernières longueurs; mais comme elles-mêmes ne seraient plus susceptibles d'être fractionnées exactement, on s'arrête aux divisions de 100 pas et on les numérote de manière à placer le 0 sur le deuxième point de division. Ainsi, en commençant par l'extrémité de gauche, on inscrit 100, 0', 100, 200, 300, 400.

Cette ligne présente, à partir du 0 vers la droite, les distances de 100 en 100 pas moindres que 500 qu'on obtiendrait en ajoutant la division à gauche de 0. Mais cette portion de ligne est réservée pour donner des distances moindres que 100 pas qu'on ajoute aux centaines pour avoir les longueurs intermédiaires.

Divisons cette portion en 2, 5, 10 parties, autant qu'on le pourra faire exactement; chacune de ces divisions nouvelles représente, dans l'exemple choisi, la cinquième partie de 100 pas ou 20 pas; on peut donc trouver avec le compas toutes les distances mesurées au pas entre 0 et 500, de 20 en 20 pas.

Les lacunes étant encore trop grandes, nous allons indiquer le moyen de les réduire.

En élevant en 0 et 400 deux perpendiculaires à 0-400 sur chacune desquelles on prend dix distances égales à 2 ou 3 ^{mm}, les points de division 18, 16... 6, 4, 2, 0, joints entr'eux, donnent des lignes parallèles et égales à 0-500, et également distantes entr'elles.

Répétons sur la dernière les divisions de la première et joignons entr'eux les points correspondans situés à droite de 0. Les horizontales sont divisées en parties de 100 pas.

Quant à la division à gauche de 0, les lignes doivent être menées obliquement de 20 à 0, 100 à 80, etc., de manière à laisser sur l'horizontale inférieure, en dehors de ces lignes obliques, une division qu'on négligera.

Toutes les petites portions de lignes horizontales ainsi formées sont égales, à l'exception de celles du triangle 0-0-20, qui vont en diminuant depuis 20 pas jusqu'à être nulles : les lignes étant également espacées, la diminution produite par le rétrécissement du triangle doit être la même pour passer de l'une à l'autre, et comme elle est en tout de vingt pas, chacune des dix petites lignes est moindre que la précédente de 2 pas. Ainsi, la première valant 20 pas, la deuxième vaut 18, la troisième 16, et ainsi de suite.

En plaçant la pointe du compas sur la ligne 0-0 et l'horizontale 6-6, on aura, en l'ouvrant vers la gauche, pour l'appuyer sur les lignes obliques, toutes les distances 6, 26...... 86, et en faisant marcher la pointe de droite pour l'amener à la rencontre des perpendiculaires 100-100 ... 400-400, toutes les longueurs composées de centaines et des nombres de pas 6, 26... 86.

En choisissant convenablement les autres horizontales, on trouvera de la même manière tous les nombres possibles de 2 en 2 pas de 0 à 500 pas.

On doit remarquer qu'il n'existe aucune différence sur le papier entre 16 et 17 pas, 100 et 101 ; mais qu'elle est appréciable entre 16 et 18, 100 et 102. On mettra donc toujours assez d'exactitude dans ses mesures pour être certain de ne s'être pas trompé de deux pas.

Lorsqu'une échelle de pas a été tracée pour un plan au 1/20000, il est toujours possible de s'en servir dans un levé au 1/10000 au 1/5000 ; il suffit pour cela de porter deux fois, quatre fois les distances données par l'échelle au 1/20000. Mais cela est moins exact que d'en construire une appropriée.

L'échelle que nous venons de tracer suffit à toutes les constructions indiquées pour déterminer les points du plan ; mais il est encore nécessaire, lorsqu'il est terminé, de construire sur le dessin mis au net une échelle dont le but, précisément inverse, est de pouvoir passer sans calcul des lignes du plan à leur dimension naturelle en mètres.

Les opérations sont absolument les mêmes que pour la précédente.

On prend la plus grande ligne droite sur le plan, car ce sera la longueur la plus considérable qu'on ait à mesurer d'une seule ouverture de compas, et on porte sur une ligne égale des parties représentant le moindre nombre rond de mètres qui puisse encore se subdiviser, ainsi qu'on l'a fait pour les pas.

Soit à construire une échelle au $\frac{1}{20000}$

$$1^{m} = \frac{1}{20} \text{ de millimètre.}$$
$$10^{m} = \frac{1}{2} \quad \text{Id.}$$
$$100^{m} = 5^{mm}$$

Supposons que la plus grande ligne droite trouvée sur le plan soit de 8 centimètres, ce qui représente une longueur de 1600 ^{m} : il faut tirer *a b* de 8 cent. de long (*fig.* 10), reporter 16 fois 5 ^{mm} ou 100 ^{m}, numéroter les divisions à partir de la gauche 100, 0, 100, 200. ... 1600 ; diviser la portion de gauche en 5 parties, mener 2 perpendiculaires en 0 et 1600; porter de petites longueurs pour tracer les horizontales; répéter sur l'inférieure les divisions de *ab* ; joindre les points correspondans à droite de 0; mener les obliques à gauche ; ces constructions, en tout semblables à celles exposées précédemment, donnent une échelle où se trouvent toutes les distances de 2 en 2 mètres entre 0 et 1600 ^{m}.

Ces principes généraux étant posés, nous allons expliquer en détail le levé d'un plan, afin d'en montrer l'application.

Sur la planchette composée d'une tablette de bois ou de carton parfaitement plane et dont un des bords au moins devra, pour les opérations ultérieures, être coupé en ligne droite, on fixera la boussole et une feuille de papier bien tendue.

Pour placer le papier, on humectera légèrement l'une des faces avec une éponge douce ou un pinceau, et au moyen de colle à bouche échauffée en la tenant entre les dents, on en fixera les bords en commençant par le milieu des côtés, puis les angles, puis les milieux des intervalles compris, en suivant le même ordre jusqu'à ce que tout le contour soit adhérent.

Pour éviter de tenir la planchette à la main on construira un trépied de la manière suivante : on prendra (*fig.* 12) trois baguettes droites, d'égale grosseur et d'environ

1 m 30 de longueur : on implantera au quart de leur longueur de petites boucles en fil de laiton dans lesquelles on passera un fil qui reliera l'ensemble. Les trois baguettes pourront s'ouvrir et s'établir solidement en un point quelconque. On posera la planchette sur les trois extrémités supérieures.

On se servira pour viser d'une règle triangulaire (*fig.* 11) dont l'arête supérieure sera dirigée sur les points ; les directions seront tracées sur le côté droit. La règle devra toujours être placée de la même manière et dans le même sens.

On se débarrassera de clés ou morceaux de fer un peu considérables qui ne seraient pas invariablement fixés à la planchette, afin de ne pas faire changer le point de repos de l'aiguille, de même qu'on cessera de compter sur les indications de la boussole dans le voisinage d'une usine, d'un chemin de fer, ou d'une masse considérable de minerai.

On tracera sur la feuille, ou mieux sur un petit carton qu'on peut tenir suspendu par un fil à une partie de ses vêtemens, une échelle de pas appropriée au levé. Les distances prises avec un compas à pointes bien aiguës seront portées sur le plan à mesure qu'il en sera besoin.

Puis, muni de crayons, d'un canif et de gomme élastique, on se rend sur le terrain à lever dont nous donnons (*fig.* 13), une représentation afin de mieux fixer les idées.

On choisit dans la partie centrale deux points *A* et *B* aussi éloignés que possible, tels qu'on en puisse mesurer la distance en ligne droite, et voir un grand nombre de points remarquables des lieux environnans.

A B sera la base du plan.

On s'établit en *A*, on vise les objets saillans, *C* église, *D* usine, *E* château, *F* angle de murs, *G* cheminée, *H* grand arbre isolé, en inscrivant sur les lignes tracées et à leur extrémité l'indication des objets visés.

On marque le point de déclinaison de la boussole, on trace la largeur de la route et on se met en marche en comptant les pas.

Au point *M* situé à 150 pas de *A* sur *A B*, on décline la planchette, on trace la direction des chemins qui y aboutissent en les visant par un point pris sur *a b* à la distance de 150 pas donnée par l'échelle : on indique par des points fins et inégaux, groupés inégalement, les haies qui bordent un des côtés, par un trait épais le mur placé sur l'autre, par des points les arbres de la route, des traits légers les séparations des cultures dont la nature est désignée par les initiales suivantes placées dans l'intérieur.

T Terres labourées.
P Prairies.
V Vignes.
B Bois.
F Friches.
S Sables.

Les signes conventionnels adoptés pour la représentation de certains objets qu'on rencontre fréquemment dans les levés sont indiqués dans la planche 6.

On continue à avancer en comptant les pas, on s'arrête aux points *N*, *P*, comme en *M*, indiquant les détails qui se présentent sur le chemin parcouru et autour de chaque point de station à une distance assez petite pour être évaluée à l'œil sans erreur sensible.

En *B*, on se décline et on vise de nouveau les lieux désignés par *C*, *D*, *E*, *F*, *G*, *H* qui en sont aperçus : les croisemens des lignes *C B* et *A C*, *B D* et *A D*..... donnent les emplacemens de ces points. On entoure le point trouvé d'un petit cercle afin de le mieux distinguer, et on y inscrit le nom de l'objet qu'il représente. On peut alors effacer toutes les lignes tracées sur le plan pour arriver à ces intersections.

Il est généralement bon de prendre sur le parcours de *A* à *B* un point intermédiaire auquel on fera les mêmes opérations, et si les trois lignes menées sur *C* par exemple se coupent en un seul point, les opérations sont exactes, sinon il faut prendre le centre du petit triangle formé par les croisemens deux à deux, à moins qu'on ne veuille, ce qui serait préférable, recommencer ce qu'on a déjà fait.

Si *C*, *D*, *E*..... sont à des distances considérables les uns des autres et qu'on puisse s'y transporter, on s'en servira comme de *A* et *B*, et conjointement avec eux pour déterminer de nouveaux points *I*, *K*..... plus rapprochés et autour desquels on puisse grouper aisément les masses du terrain qu'on lèvera successivement.

Les alentours du point *B* étant dessinés, on suit le chemin *B L* dont la direction a été déterminée; on y place, à mesure qu'on les rencontre, les maisons, murs, embranchemens de chemins au moyen de la distance en pas de *B*, de leur direction, de leur inclinaison sur la route prises avec la planchette déclinée.

En *M*, carrefour, on choisit la route la plus importante par sa largeur, sa direction, la manière probable dont elle découpera le terrain, et on la parcourt comme *A B* et *B L*.

Les erreurs inséparables de la marche et des changemens de direction ayant pu s'accumuler, on s'arrêtera en un point *n*, tel qu'on y puisse voir deux des points principaux marqués sur le plan, *C* et *D* par exemple. On déterminera sa place par le troisième moyen, et si on tombe exactement à celle qui avait été trouvée, on peut affirmer que les opérations précédentes ont été bien faites. Sinon il faudra allonger ou raccourcir dans toutes leurs parties les contours dessinés afin de répartir sur toute leur étendue l'erreur commise en plus ou en moins.

La même marche, les mêmes procédés, les mêmes vérifications faites le plus souvent possible seront employés pour placer les chemins, les sentiers, les voies quelconques de communication, avec les murs, maisons, haies, fossés, eaux qui les avoisinent, et l'espace se trouvera ainsi divisé en portions plus ou moins grandes qu'il faudra remplir successivement pour compléter la Planimètrie du terrain.

Cette manière de procéder au levé du parcours qui, comme on l'a pu reconnaître, repose presque entièrement sur le deuxième moyen, s'appelle levé par *cheminement*.

Dans le remplissage des masses, nous allons voir au contraire un emploi très fréquent du troisième moyen pour établir les détails à la place convenable.

Prenons pour exemple l'espace compris entre les chemins *L M*, *M C*, *L C* qui renferme un petit bois et une maison au bord d'un étang. Le chemin tortueux qui conduit à la maison serait d'un levé très difficile; on se transportera à l'angle *O* du bois, et à l'aide du clocher *C* et du carrefour *K* on déterminera sa position. Si la forme n'est pas trop irrégulière on pourra cheminer autour du bois ;

sinon, on prendra des points de distance en distance, et le troisième moyen donnera leur emplacement. Les points *R*, *S*, *T*, de la mare seront trouvés de la même manière, et on pourra, pour abréger le travail, se servir de deux d'entre eux comme base pour avoir tous les autres points du contour de l'eau, ainsi que la maison, par le premier moyen, car ces points seront alors visibles de deux points connus.

En résumant ces opérations on peut faire ressortir la concordance qui existe entre les opérations principales d'un levé, et les trois moyens de déterminer un point.

1° On place, à l'aide d'une base, des points exacts pour servir de vérification dans le cours du levé (1er moyen).

2° On trace par cheminement les lignes principales et de préférence les voies de communication (2e moyen).

3° On vérifie les points obtenus et on y rattache sûrement et rapidement les détails qui complètent la Planimétrie (3e moyen).

II

NIVELLEMENT.

Le plan que nous venons de tracer n'est qu'une représentation incomplète du terrain qui n'est jamais, comme nous l'avions supposé, parfaitement uni.

Des plateaux, des vallées, des hauteurs et des accidens de toute nature modifient cette surface, et influent essentiellement par leur nature et leur forme sur les considérations qui déterminent les opérations militaires.

Toutes ces variations du sol qui surgissent en quelque sorte du plan dessiné dans la première partie pourraient être figurées au moyen de petites plaques minces de papier ou de carton, qui, convenablement découpées et superposées d'une manière analogue aux couches qui constituent le terrain naturel, et reproduiraient des crêtes, des mamelons, des collines semblables à celles du sol (*fig.* 15-1).

Ce serait alors un relief, et non plus un dessin.

Si, au lieu de découper ces plaques, on trace l'emplacement sur lequel elles seraient posées, emplacement qui indiquera en même temps leur forme, et si on convient de leur donner toujours la même épaisseur, l'œil s'habituera à voir dans les contours placés (*fig.* 15-2) sur le papier le rebord de ces feuilles, et la saillie produite par leur empilement.

Rendons ceci plus frappant par un exemple. Supposons qu'on veuille construire par couches de même épaisseur une butte en terre de forme déterminée. On commencera par tracer le contour du pied de cette butte, et on plantera des piquets d'une hauteur telle que leur extrémité affleure la surface de la butte construite; mais on sent bien qu'on abrégera la besogne en plantant ces piquets de manière à indiquer la hauteur même d'une couche terminée. Les piquets qui affleureront la même couche se trouveront avoir leurs pieds sur une ligne qui aura la forme de la couche correspondante. Si ces lignes étaient tracées d'avance, l'ouvrier le moins habile pourra placer les piquets et construire la butte, parce qu'il lui suffira de donner à chacun d'eux autant de fois l'épaisseur d'une couche qu'il y aura des lignes tracées jusqu'au contour qui le guide.

De même ici, en adoptant un demi-millimètre pour l'épaisseur des couches qui donneraient au terrain le relief convenable, la courbe *a a a a* figurera le rebord d'une plaque épaisse de $1/2^{mm}$ placée sur le papier, *b b b* celui d'une autre fixée au-dessus, *c c c* d'une troisième et ainsi de suite.

On conçoit que cette épaisseur de $1/2^{mm}$ n'est qu'une chose de convention ; on s'est arrêté à cette dimension parce qu'elle est suffisante pour représenter les formes du terrain, sans trop augmenter le nombre des lignes.

Le nivellement consiste donc à tracer ces contours appelés *courbes du terrain*.

Pour arriver à ce résultat, considérons une direction partant du point *A*, celle d'un chemin, par exemple, tracé ne pente, qui rencontre successivement chacune des couches *a a a*, *b b b*, *c c c*. Leur épaisseur étant de $1/2^{mm}$, les points de rencontre seront au-dessous les uns des autres de $1/2^{mm}$, et si leur position n'était pas connue, on chercherait quelle est la distance de *A* à laquelle ce chemin se trouve abaissé par sa pente de 1/2 millimètre.

Ainsi dans la figure, *a a a* étant la courbe qui présente la forme d'une des couches composant le terrain, le point *b* du chemin *a m* qui sera plus bas que *a* de $1/2^{mm}$ se trouvera à la partie supérieure de la couche immédiatement au-dessous, et par conséquent appartiendra à la courbe *b b b* qui désignerait cette seconde couche.

La recherche de ces courbes et l'évaluation de l'abaissement produit par une pente sont donc deux opérations identiques ; or ces pentes sont les pentes mêmes du terrain ; c'est donc sur le terrain et à l'aide de la planchette que nous allons chercher à résoudre cette question.

Plaçons la tablette dans une position verticale, et suspendons un fil à plomb à un petit clou planté en un point *m* vers le milieu de *a b* (*fig.* 16). Ce fil se confondra avec *m n* tracée perpendiculairement à *a b* lorsque cette ligne *a b* sera de niveau.

Visons le long de ce rebord sur un point *x* situé au-dessus du sol à une hauteur jugée égale à celle de l'œil et à une certaine distance (*fig.* 17).

La ligne qui joint le point *x* à l'œil, ou la direction de *a b*, aura la même pente que le terrain situé au-dessous en admettant qu'on l'ait choisi en ligne droite.

Dans cette opération le fil à plomb ne varie pas ; mais si *a b* s'incline, *m n* se détache du fil et s'en écarte d'un angle égal à la pente visée. On pourra donc, au lieu de considérer la pente du terrain qui n'est autre chose que l'angle dont il diffère de la ligne horizontale, opérer sur l'angle dont le fil à plomb s'écarte de *m n*.

C'est-à-dire, que si en se servant de ce dernier on trouvait que la distance d'une courbe à une autre dût être de 3 millimètres, on serait certain que la même distance eût été obtenue en opérant d'une manière moins commode et moins prompte sur l'inclinaison du sol.

En menant une ligne *n p* perpendiculaire à *m n*, la longueur dont le fil à plomb s'écartera sur cette ligne du point *n* sera précisément l'abaissement qu'éprouve un point du terrain au-dessous de l'horizontale pour une distance égale à *m n*.

La planchette étant toujours verticale et son bord convenablement dirigé, on arrête le fil à plomb sur le point *p* où il tombe en l'y pressant avec le doigt, on mesure *m n* et *n p* et on dit :

L'abaissement d'un point abaissé de 25 centimètres, par exemple, est de 25 ^{mm} ; quelle serait la distance à laquelle il ne serait que de 1/2 milimètre ? On voit qu'il faudrait prendre de 25 centimètres une partie marquée par le rapport de 5/2 ^{mm} abaissement voulu, à 25 ^{mm} abaissement trouvé, ou multiplier 25 cent. par 0,5 ^{mm} /25 ^{mm}, on trouverait ici 5 ^{mm}.

Ces 5 millimètres seront portés avec un compas sur toute la longueur visée, et on saura que chacun des points marqués appartient à une courbe inférieure ou supérieure à la précédente selon que le fil à plomb sera tombé en avant ou en arrière de *m n*, c'est-à-dire selon que la pente sera descendante ou ascendante.

Pour simplifier et éviter des calculs fréquens, on procédera de la manière suivante :

On prendra $m\,n$ de la longueur de la planchette, et autant que possible d'un nombre de centimètres tel que 20, 24, 25, 30, 36. On mènera $n\,p$ perpendiculaire à $m\,n$ afin d'y tracer, à partir de n, les positions du fil correspondantes à la distance nécessaire suivant chaque pente à l'abaissement de 1/2 ^{mm}, distances qu'offre le tableau suivant, dont nous allons donner la manière de se servir pour graduer la ligne $n\,p$.

Valeurs des distances des nombres à inscrire pour les perpendiculaires.

NOMBRES à inscrire.	200mm	250mm	300mm	350mm	400mm
1mm	100mm	125mm	150mm	175mm	200mm
2	50	62,5	75	87,5	100
3	33,3	41,8	49	58,3	66,7
4	25	31,2	37,5	43,8	50
5	20	25	30	35	40
6	16,7	20,8	25	29,2	33,3
7	14,3	18	21,5	25	28,6
8	12,5	15,6	18,8	21,9	25
9	11,1	13,9	16,7	19,5	22,2
10	10	12,5	15	17,5	20
12	8,3	10,4	14,4	14,6	16.8
15	6,7	8,3	10	11,7	13,3
20	5	6,3	7,5	8,8	10
25	4	5	6	7	8
30	3,3	4,2	5,0	5,8	6,7
35	2,9	3,6	4,3	5	5,7

Admettons que la largeur de la tablette soit de 30 centimètres ou 300 ^{mm} ; on portera avec un compas à partir du point *n* sur *n p* dans l'un et l'autre sens, si on le peut, 150 ^{mm} et on marquera 1, ce qui signifie que si le fil à plomb tombe en ce point, la distance des courbes est de 1 millimètre; de même on portera 75^{mm}, 49^{mm}, et on inscrira 2, 3. Si le fil tombait dans l'intervalle de deux chiffres, entre 3 et 4 par exemple, on estimerait quelle doit être l'augmentation à faire à cette distance, et l'erreur ne pourrait jamais être sensible, surtout dans les pentes rapides où elle aurait le plus d'influence.

En visant plusieurs directions de la manière indiquée, et portant sur chacune des lignes qui les représentent dans le plan les longueurs indiquées par l'écart du fil à plomb, on multipliera assez les points pour tracer correctement les courbes auxquelles ils appartiennent.

Nous avons admis jusqu'ici que les pentes sont droites dans toute leur étendue; il arrive le plus souvent, au contraire, qu'elles sont composées de parties droites ou à peu près telles, raccordées ensemble sous des inclinaisons différentes.

Soit *B* un de ces points de raccordement à l'extrémité d'une pente de 5^{mm} de distance entre les courbes.

Si *B* est situé sur une ligne courbe, les opérations s'y répètent comme en *A* et dans plusieurs directions.

Mais si *B* tombe dans l'intervalle de deux courbes à 4^{mm} par exemple de la dernière avant lui, on ne devra prendre sur chaque ligne visée que 1/5 ou 4/5 de la distance trouvée pour avoir le prochain point de chaque direction à partir duquel on pourra prendre les distances entières.

....

Ainsi BD étant une ligne dont la pente donne 10mm pour la distance de 2 courbes, d sera à 2mm de B si la pente continue dans le sens de AB, ou à 8mm si elle change ; mais dans tous les cas e sera à 10mm de d et f à 10mm de e.

Les courbes tracées ainsi et successivement à chaque point de station finiront par s'étendre sur tout le terrain. Mais on peut les obtenir autour d'un lieu quelconque de manière à les faire concorder avec celles déjà trouvées sans parcourir les intermédiaires.

En effet, du point C visons le point A (*fig.* 15). La pente est descendante et de 8 millimètres. La distance AC prise sur le plan de 44mm, il y aurait donc entre A et C cinq couches et demie ; C est donc placé au milieu de la 6e, et par suite sur toutes les lignes qu'on visera à cette nouvelle station, on ne devra porter que la moitié de la longueur trouvée pour avoir la courbe voisine.

Ces opérations du tracé des courbes se simplifient beaucoup par la remarque qu'il suffit ordinairement autour d'un point quelconque de 4 directions remarquables, telles que la crête d'une hauteur, le fond d'une vallée, une ligne horizontale, etc.

Les courbes décrites, on peut savoir la distance en hauteur de deux points quelconques du plan, situés par exemple, l'un au 1/5 de l'espace au-delà de la 5e courbe, au-dessus de A, et l'autre au 2/5 au-delà de la 7e courbe au-dessous. Ces deux points sont séparés par 12 courbes et 3/5, ou 12 fois 3/5 un demi-millimètre ou 6 mm, 3.

Or, ces 6 mm, 3 valent, à l'échelle du plan, 1/10000, 1/20000 63 m, 126 m ; le premier point est donc, selon le cas, à 63 m, ou à 126 m au-dessus du second.

Ces lignes suffisantes, dans un dessin peu chargé, deviennent imperceptibles au milieu des détails; aussi a-t-on voulu augmenter leur effet sur l'œil par des traits transversaux, ou hachures à la plume ou au crayon qui forment une ombre d'autant plus foncée que la pente est plus forte.

Soient des courbes *a a a*, *b b b*, *c c c* (*fig.* 18), on trace une ligne légère qui devra disparaître plus tard, au milieu de l'intervalle de deux courbes, et d'un point *g* de cette ligne on abaisse sur *a a* et *b b*, des perpendiculaires qu'on raccorde par un trait courbe forcé un peu à son extrémité la plus élevée pour ne laisser aucun doute sur le sens de la pente.

Cette ligne *a g b* est une hachure.

On répète la même opération en un point *h* éloigné du quart de la longueur, et on continue ainsi dans toute l'étendue comprise entre les courbes.

Ces deux perpendiculaires, ainsi que la ligne médiane, ne sont que des guides pour diriger les premiers essais; on prendra rapidement l'habitude de faire les traits à la distance voulue et de les diriger bien perpendiculairement à l'une et à l'autre ligne courbe.

Le trait des hachures devra être pur, non tremblé, et grossi suivant le degré d'inclinaison de l'endroit où elles sont appliquées, de manière à bien faire ressortir les formes du terrain. Une hachure de 2 ^{mm} peut atteindre 1/2 ^{mm} d'épaisseur, et en général on peut prendre pour règle que le produit de la longueur par l'épaisseur donne 1 ^{mm}.

Quand les hachures atteignent 2 ou 3 cent., on les néglige, quand elles sont au-dessous de 2 ^{mm}, on les entremêle de traits horizontaux destinés à renforcer l'ombre tout en indiquant la forme des courbes et la nature ordinairement irrégulière du terrain.

Au-dessous de 1 ^{mm} de longueur de hachures, on abandonne le système régulier pour tracer de fantaisie des rochers au moyen de traits diversement inclinés qui en représentent les arêtes et les faces.

Dans l'exposé de la *Planimétrie*, nous avons fait connaître des procédés basés sur la convention expresse que le terrain offrait la régularité la plus parfaite, que la ligne du sol menée d'un point à un autre était la plus courte qui pût exister, et nous avons placé sur le plan cette ligne en concluant sa longueur de mesures prises sur le terrain.

Mais l'introduction du nivellement empêche d'admettre encore cette supposition, ou du moins ne le permet que dans un certain nombre de cas, toujours assez restreint.

En effet, même dans un pays de plaines, où les hauteurs sont rares, les pentes peu rapides, un chemin quel qu'il soit présente communément une alternative de hauteurs et de fonds qui lui donne une forme sinueuse toujours distincte de la ligne droite.

Qu'on imagine ce chemin saisi par les extrémités et tendu dans le sens de sa direction, il s'allongera, son accroissement sera d'autant plus considérable que le terrain diffère davantage d'une nappe unie, et acquerra des proportions énormes dans un pays accidenté.

Il faudra une attention constante à ne pas laisser s'introduire dans le levé une seule ligne dont la longueur puisse être affectée par les acidens du terrain; car toutes les opérations effectuées sur elle et sur celles qui en auraient été conclues seront nécessairement fautives.

Le moyen le plus sûr sera donc d'employer le plus rarement possible des mesures de longueurs et de les remplacer constamment, si cela est praticable, par des mesures d'angles, c'est-à-dire des coups d'alidade donnés sur les directions à relever.

Des trois premiers moyens enseignés, le deuxième dépend toujours de la mesure d'une longueur, le premier et le troisième n'exigent aucune distance nouvelle; ils devront donc être exclusivement employés dans les terrains fortement montueux et coupés.

De ces deux moyens, le premier s'exécute par deux stations, le troisième par une seule, ce dernier sera donc le plus rapide. Nous ne saurions d'ailleurs trop insister sur la nécessité de s'habituer à un usage fréquent de ce troisième moyen indépendant de toute mesure antérieure autre que l'établissement des points principaux, et laissant à l'opérateur toute liberté de se transporter dans tous les sens, dans toutes les directions.

Comme de plus son emploi donne la facilité de trouver immédiatement le lieu où se trouve placée la planchette, on peut lever à volonté telle partie du terrain qu'il convient sans se préoccuper des autres portions du plan.

DU DESSIN.

Le levé sur le terrain étant complet, on devra s'occuper de la mise au net du dessin.

Le papier sera uni, bien collé, un peu épais. On pourra le fixer sur une planche ou le placer sur un matelas composé de plusieurs feuilles de papier et enveloppé d'une chemise.

Le crayon sera plutôt mou que dur, pour être plus facilement enlevé avec la gomme élastique qu'on tiendra propre en la frottant sur du drap.

Les plumes seront fines, celles en métal sont préférables, parce qu'elles sont plus aiguës et plus durables que les autres.

On se servira du tire-ligne toutes les fois qu'on tracera à la règle.

On aura deux pinceaux constamment propres qu'on évitera de laisser séjourner dans l'eau, ce qui les déforme.

On se procurera une règle et une équerre minces pour s'appliquer complètement sur le papier et les couleurs suivantes : encre de la chine, carmin, gomme-gutte, indigo.

Le dessin tracé sur la planchette sera entouré d'un cadre de dimensions convenables; un cadre semblable devra être construit pour la mise au net.

A cet effet (*fig.* 20-1 et 2), on élèvera au centre de la droite qui joint les milieux des deux petits côtés une perpendiculaire au compas ou à l'équerre. Sur *ef*, à des distances *o m* et *on* égales à la moitié de la largeur du cadre, on menera d'autres perpendiculaires en *m* et *n* sur lesquelles on prendra *mp*, *mp'*, *nq*, *nq'* égales à la moitié de la hauteur du cadre, et on tirera *pq*, *p'q'*: *sq*, *sp*, *s'q*, *s' p'* devront être égales à *o m*.

Sur les côtés de ces deux cadres, on porte des divisions ordinairement égales à un centimètre à partir des points *a* et *b*, *p* et *p*, sur les grands côtés, *a* et *c*, *p* et *q* sur les petits, on numérote les points de division et on joint les correspondans.

Les deux cadres sont ainsi divisés en carreaux d'un centimètre de côté, assez petits pour qu'on puisse placer les points du modèle sur la copie sans erreur sensible, en voyant s'ils correspondent au tiers, au quart, etc., de la hauteur ou de la largeur du petit carré dans lequel ils sont situés.

On conçoit que si on voulait copier le dessin en grandeur double, triple, ou moitié, tiers, quart de celle du modèle, il suffirait de faire les côtés du cadre et les divisions qui forment les carreaux, doubles, triples, ou moitié, tiers, quart, des dimensions qu'ils ont dans l'original.

La copie s'exécutera dans l'ordre suivant :

Les rivières, ruisseaux ou rivages de la mer.

Les routes par ordre d'importance, chemins, sentiers.

Les divisions du sol, murs, fossés, haies.

Les maisons.

Les courbes et hachures ne seront tracées qu'après le lavis du plan.

On passera à l'encre dans l'ordre précisément inverse :

Le cadre formé par un trait mince et noir.

Les maisons, murs, et en général, toute maçonnerie, au trait rouge.

Les routes à l'encre noire.

Les rivières et eaux quelconques limitées par un trait bleu.

On inscrira à l'encre noir pâle les initiales des cultures, et on divisera en carrés séparés par des allées les parties occupées par les jardins.

On fera disparaître toute trace de crayon, et on procèdera au lavis.

Le lavis a pour but d'appliquer sur chaque partie du plan une teinte dont la couleur indique la nature du sol et de la culture; cette teinte doit être légère pour ne pas masquer les autres détails; elle se forme (*planche* 10) de la combinaison des quatre couleurs que nous avons indiquées, à peu près dans les proportions suivantes.

NATURE DES CULTURES.	COULEURS.
Terres labourées...	Jaune 0,5, rouge 0,4, noir 0,1.
Vignes...........	Rouge 0,8, bleu 0,2.
Prairies..........	Bleu 0,5, jaune 0,5.
Bois.............	Jaune 0,9, rouge 0,1.
Sable............	Jaune 1,0.
Eaux.......... ..	Bleu.
Maçonnerie.......	Rouge.

Pour les rivières et toutes les eaux en général, la teinte ira en dégradant des bords au centre.

Les jardins se peignent en échiquier, un carré terre, un carré bois.

Lorsque l'échelle sera telle que les maisons aient une surface assez considérable pour ne pouvoir commodément être remplies à la plume de carmin foncé, on les lavera avec du carmin clair après avoir tracé leur forme au trait rouge, et on mettra un filet de couleur foncée aux parties dont les faces seraient dans l'ombre si le jour venait de gauche du coin supérieur du cadre.

Dans tous les cas, les édifices publics, les monumens, les habitations remarquables seront d'un rouge plus foncé.

Voici comment on placera les teintes : on délaiera dans un godet la couleur dominante, et on y ajoutera peu à peu avec un pinceau les autres couleurs et l'eau nécessaire.

On prendra une quantité suffisante de cette teinte avec le pinceau qui a servi au mélange ; on le passera sur une feuille étrangère pour enlever les petits morceaux de couleur non délayée qui ne manquent jamais de s'y attacher, et qui feraient tache, et on commencera à colorer l'espace voulu en prenant à gauche et en tirant toujours à droite sans laisser à la couleur posée le temps de sécher, ce qui occasionnerait des marbrures du plus vilain effet.

Pour les teintes dégradées, telles que celles des rivières, on placera d'abord un filet de couleur le long du bord, et en passant sur le côté à fondre un pinceau imbibé d'eau, la couleur se répand en diminuant insensiblement d'intensité.

Dans ces deux opérations, il est commode de mouiller

quelques instans auparavant l'espace à laver avec le pinceau imbibé d'eau, d'employer des teintes très faibles sauf à donner une seconde couche, et de tourner le papier de manière à ce que la plus grande dimension soit de gauche à droite.

Le lavis terminé, on place les arbres et les haies, représentés par des points noirs ou verts, isolés et en série, soit dans les jardins, soit dans les vignes, les pépinières ou sur le bord des routes.

Puis on trace au crayon les courbes du terrain, et enfin les hachures à la plume. Les hachures devant reproduire les formes d'une manière en quelque sorte matérielle, il sera bon d'esquisser au crayon quelques directions principales telles que *m n*, *p q*, *r s*, *t u*, *v x*, (*fig.* 21) qui guideront dans l'établissement des hachures définitives.

On inscrira les noms des villes, villages, rivières, ruisseaux, routes, chemins, fermes, situés sur le plan. La grandeur et l'espèce des caractères seront déterminés par l'importance relative de l'objet.

Ils devront être semblables aux caractères d'imprimerie, et on fera très bien de s'exercer pendant quelque temps à leur imitation ; l'imperfection des écritures pouvant ôter tout mérite à un plan très soigné d'ailleurs.

Les noms des routes, rivières, ruisseaux seront écrits le long de leur cours, les autres parallèlement à la base du cadre, qu'on entourera d'un trait très fort situé à peu de distance de celui qui limite le dessin.

Puis on tracera sur la marge l'échelle dont nous avons parlé dans la Planimétrie, et on inscrira au-dessus, échelle 1/10,000, échelle 1/20,000, selon le cas.

DU MÉMOIRE DESCRIPTIF.

La rédaction du mémoire suit la confection du plan. Il doit être écrit sur un cahier cousu et paginé du format de la feuille de papier dit écolier.

On inscrira en tête le but de la reconnaissance, l'ordre qui y a donné lieu, l'époque à laquelle elle a été faite, et ses nom, prénoms, grade et régiment.

Le mémoire sera divisé en quatre parties, dont la dernière comporte généralement le plus d'extension :

1° Description physique.
2° Statistique.
3° Communications.
4° Considérations militaires.

I

Description physique.

La description physique comprendra un aperçu de la configuration générale du terrain, abstraction faite de tout ce qui tient à des divisions politiques ou administratives, ou aux travaux des hommes.

On fera connaître s'il est découvert, d'un accès facile, coupé de haies, de fossés, de murs, de clôture, couvert de bruyères, sec ou marécageux.

La description comprendra aussi l'indication exacte ou approximative du maximum ou du minimum d'inclinaison des pentes principales, de la hauteur ou de la direction des montagnes, de leurs rameaux ou contreforts, l'aspect et la forme des vallées ou vallons, l'espèce et l'étendue des étangs, marais, flaques d'eau, le volume, la perte, l'encaissement des rivières, des ruisseaux et des canaux, les variations qu'ils éprouvent dans les différentes saisons de l'année, la nature du sol à la surface et à différentes profondeurs, sur les plateaux, sur les flancs des hauteurs, ainsi que dans les lieux bas; quelles espèces d'arbres croissent dans les forêts; les propriétés de l'air relativement à la santé des hommes et des animaux; les espèces et les qualités des matériaux qu'on peut trouver sur les lieux pour les constructions, tels que pierres, bois, métaux.

Lorsque la reconnaissance aura été faite dans un pays maritime, on indiquera quelle est la forme de la côte, si elle présente des dunes ou des falaises : quelle est la hauteur des falaises et la nature des roches qui les composent, si l'estran est marécageux, sablonneux ou couvert de galets, la plage unie ou semée de rescifs.

On fera connaître les particularités importantes relatives aux marées, aux vents régnans, à la température dans les diverses saisons : les anses, baies, rades, ports naturels : les points d'abordage ou de refuge pour la navigation maritime ou fluviale : les bancs, barres, passes dangereuses qui se trouvent sur la côte ou à l'embouchure des rivières.

II

Statistique.

On indiquera d'abord les divisions politiques ou administratives du pays reconnu, les principaux ouvrages de main d'homme qui s'y trouvent.

Ces renseignemens seront suivis de notions sur la stature, la complexion, le caractère, la manière de vivre, les mœurs des habitans. On fera connaître les relations communales, cantonnales et paroissiales de chaque commune, hameau, les occupations de leurs habitans aux diverses époques de l'année ; le nombre de cultivateurs, commerçans, artisans, etc.

L'étendue du terrain de chaque commune, la division en terres labourables, prés, vignes, les produits de l'agriculture, en indiquant pour les grains la quantité de semence par hectare, et le rapport de cette quantité à celle qu'on recueille ; l'espèce et le nombre de voitures, de bêtes de somme, de bestiaux, le nombre de fours, de moulins ; la quantité de pain qu'on peut y moudre et cuire en 24 heures ; le temps pendant lequel les produits du territoire suffisent aux besoins de la population ; les usines, fabriques, manufactures ; le nombre de leurs ouvriers, les procédés qu'on y emploie ; la nature, la qualité, la quantité, la valeur de leurs produits.

Ces données sont indispensables pour l'évaluation des ressources qu'offre chaque commune pour le logement, la subsistance des hommes et des chevaux, pour le transport, le chauffage, le ferrage, la réparation des vêtemens, de la chaussure, des armes et des voitures.

Tous ces résultats numériques seront réunis dans un tableau synoptique.

A la fin de ce chapitre, et après le tableau, on indiquera quels obstacles, quelles facilités on trouverait dans l'administration du pays, dans les habitudes locales pour appliquer avec promptitude et régularité toutes ces ressources aux besoins des troupes, soit en marche, soit en cantonnement.

TABLEAU

Synoptique de la statistique des communes comprises dans le plan joint à ce Mémoire.

DÉSIGNATIONS.	COMMUNES DE		
	CHOISY.	THIAIS.	ORLY.
Population mâle			
— totale			
Hommes de 16 à 20 ans capables de porter les armes			
Garde n^le mobile			
— Sédentaire			
Chirurgiens et médecins			
Aubergistes			
Boulangers			
Epiciers			
Bouchers			

DÉSIGNATIONS.	COMMUNES DE		
	CHOISY.	THIAIS.	ORLY.
Cordonniers			
Tailleurs			
Maréchaux			
Ouvriers en fer			
Ouvriers en bois			
Selliers, bourreliers			
Maçons			
Bateliers			
Prix de la journée d'art			
— de manœuvre			
— de la voiture à deux colliers			
Nombre de maisons, châteaux, fermes, d'hommes logeabl.			
— de chevaux			
Fours			
Moulins à farine, nombre			
— Produit			

DÉSIGNATIONS.	COMMUNES DE		
	CHOISY.	THIAIS.	ORLY.
Moulins à huile nombre			
Produit			
Moulins à scie nombre			
— Produit			
Hauts-fourneaux, nombre			
— Produit			
Grandes forges, nombre			
— Produit			
Manufact. de laine, nombre			
— Produit			
— de coton, nombre			
— Produit			
— de lin et ch., nombre			
— Produit			

DÉSIGNATIONS.	COMMUNES DE		
	CHOISY.	THIAIS.	ORLY.
Tanneries.			
Papeteries.			
Manufactures.			
Chevaux.			
Jumens.			
Mulets.			
Ânes.			
Bœufs.			
Vaches.			
Moutons et chèvres.			
Voitures à 2 roues.			
— à 4 roues.			
Barques.			
Bateaux.			
Etendue totale de la commune.			
Terres à blé.			
— à seigle.			

DÉSIGNATION.	COMMUNES DE		
	CHOISY.	THIAIS.	ORLY.
Terres à orge.			
— à avoine.			
Prairies.			
Bois.			
Vignes.			
Friches.			
Produit en blé.			
— en seigle.			
— en avoine.			
— en orge.			
— en sarrazin ou maïs.			
— en pommes de terre.			
— en légumes en graines.			
— en vins.			
— en bière et cidre.			
— en eaux-de-vie.			

DÉSIGNATIONS.	COMMUNES DE		
	CHOISY.	THIAIS.	ORLY.
Prod. en plantes fourragères.			
— en paille.			
Contributions foncières.			
— personnelles.			
— mobilières.			
— portes et fenêtres.			
Patentes de l'année.			

Tous ces renseignemens doivent être fournis par les maires des communes sur la présentation de l'ordre qui prescrit la reconnaissance.

I

Communications.

On recueillera des renseignemens sur les grandes routes, chemins communaux, pavés, ferrés ou en terrain naturel; sur les facilités ou les obstacles qu'on y trouve pour les charrois dans les différentes saisons. On indiquera pour chaque communication sa largeur, les pentes d'enragage et autres accidens ; la longueur et la largeur des défilés ; on dira si les routes sont bordées d'arbres, de haies, de fossés ou de jalons

On fera connaître les distances entres les lieux principaux, le temps nécessaire pour parcourir ces distances ; la différence dans les pays coupés et montagneux entre le temps d'aller et celui du retour ; les moyens qu'offrent les localités pour entretenir, améliorer, créer ou détruire, au besoin, les routes ou les communications, pour raccourcir les lignes d'étape ou en faire éviter les parties qui offrent des difficultés au passsage de la cavalerie ou des voitures.

Les communications qui se croisent dans le lieu principal, les chemins parallèles à la route reconnue et tous ceux qui se relient à cette route seront indiqués ou décrits avec un détail proportionné à leur importance militaire.

Des observations sur les canaux, les rivières, les ruisseaux considérés par rapport à la navigation et à la guerre auront pour objets principaux la nature, l'élévation et la pente des rives, le commandement constant ou alternatif de l'une sur l'autre, les points les plus propres à l'établissement des ponts et autres moyens de passage; la situation des ponts existans, leurs dimensions et la nature de leur construction ; les moulins, scieries et autres usines qui se trouveront sur les cours d'eau et à portée de la route; les bacs, la durée de leur traversée, le nombre d'hommes, de chevaux, de voitures qu'ils peuvent transporter; les gués, leur direction, la qualité de leur fond, leur largeur, longueur et profondeur ordinaires, les moyens de les rompre.

Les positions militaires sur les routes seront indiquées sommairement ; les détails seront réservés pour le chapitre des considérations militaires.

Nous ajouterons à ces recommandations une observation qui a pour but de faciliter l'exposé des diverses voies de communications situées sur le terrain reconnu.

Les routes ou chemins peuvent tous en général se diviser en routes parallèles à une route principale ou convergentes avec elle, et en routes transversales. On créera donc une sorte de réseau à mailles carrées ou rayonnantes, dont on décrira d'abord les routes qui forment en quelque sorte la trame du système par leur direction, leur importance positive ou circonstancielle ; puis on analysera les chemins parallèles employés, la plupart du temps, aux charrois intérieurs et à petite distance ; et enfin on passera aux voies transversales dont le degré d'importance naîtra de la facilité ou de l'opportunité des relations qu'ils établissent entre les lieux situés sur les routes qu'elles relient.

Cette manière de procéder abrège considérablement le travail, et est applicable dans la grande majorité des circonstances, quelque accidenté que soit le pays où on opère.

IV

Considérations militaires.

Ce chapitre comprendra la description de toutes les positions militaires que présenterait la route ou le pays reconnu ; l'indication du nombre, de l'espèce et de la disposition des troupes qu'on pourrait y placer pour résister avec avantage à un ennemi supérieur en forces ; les moyens d'en augmenter la valeur par des ouvrages de fortification de campagne, des abatis ou des inondations ; l'évaluation du temps que les troupes et leurs parcs emploieraient pour occuper et déblayer chaque position, pour passer les défilés qui se trouveraient dans la direction de l'une ou l'autre de ces opérations ; les lieux propres à mettre en sûreté un convoi ou une escorte ; le parti qu'on peut tirer des villes, villages, châteaux, églises, cimetières, etc., pour y placer des postes de sûreté ou de protection ; pour former des dépôts ou des établissemens militaires, répartir les troupes en cantonnement.

On indiquera pour chaque position les lieux d'où il faudra tirer les vivres, le fourrage, l'eau et le bois.

On conçoit parfaitement que ce programme pourra être modifié, raccourci ; car souvent une reconnaissance militaire n'a rapport qu'à un seul objet, le passage d'une rivière ou d'un défilé, le campement d'un corps, l'établissement d'un poste, la défense d'un village ; alors on se conformera, pour la rédaction du Mémoire, aux instructions qui seront données d'avance par l'ordre qui prescrira l'exécution de la reconnaissance.

FIN.

Pl. I.

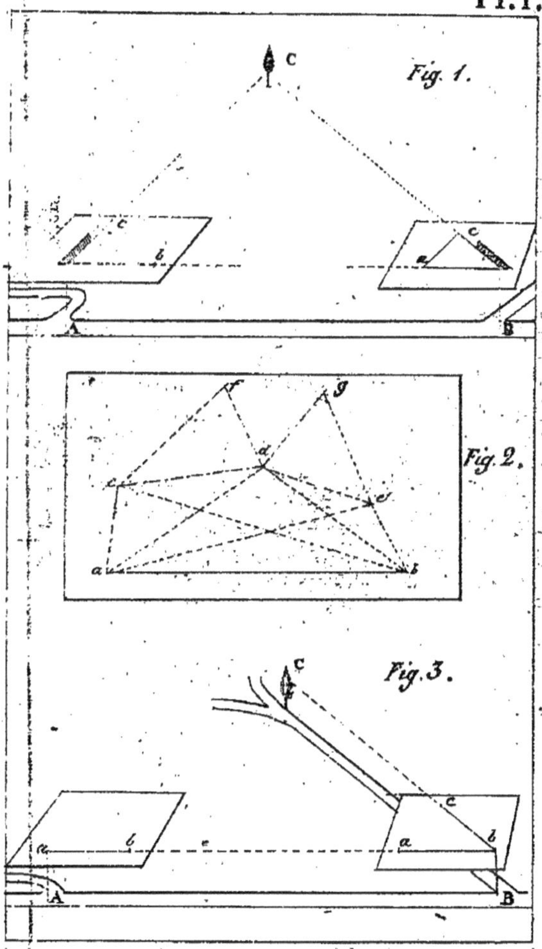

Pl. II.

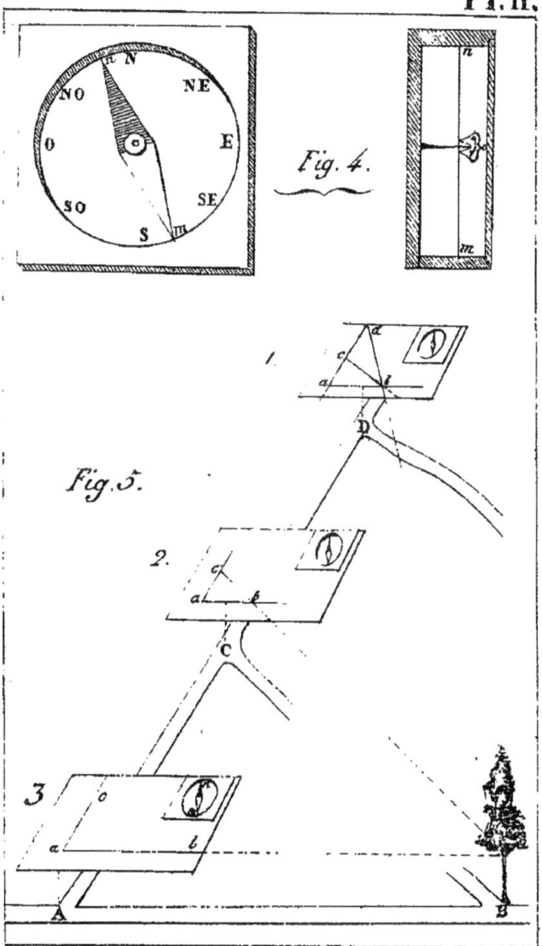

Pl. III.

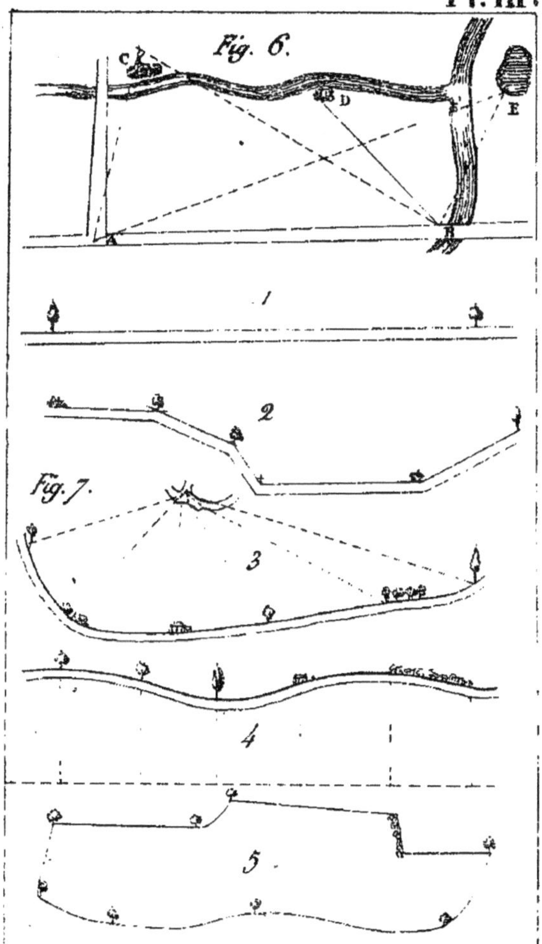

Pl. IV.

Fig. 8.

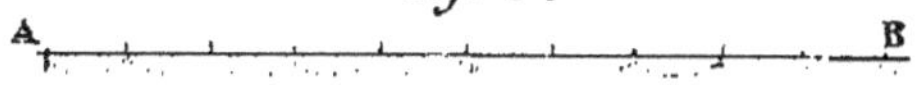

Fig. 10.

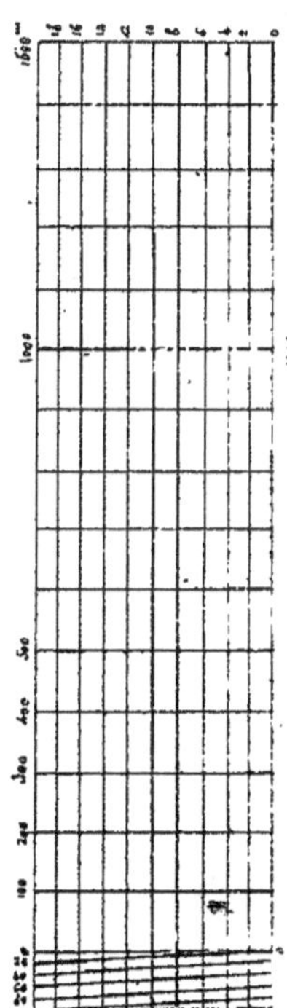

Fig. 9

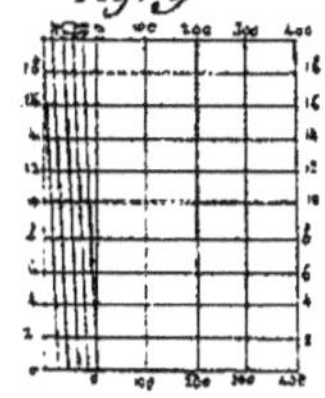

Fig. 11.

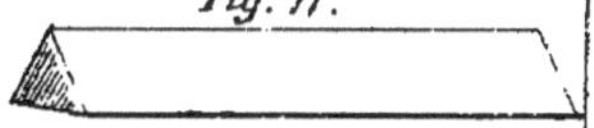

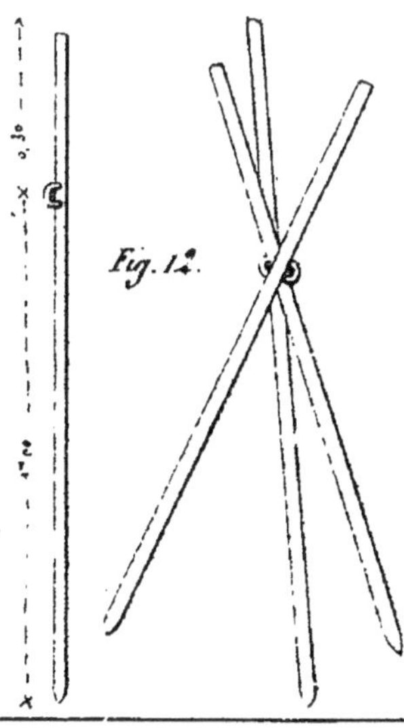

Fig. 12.

Pl.V.

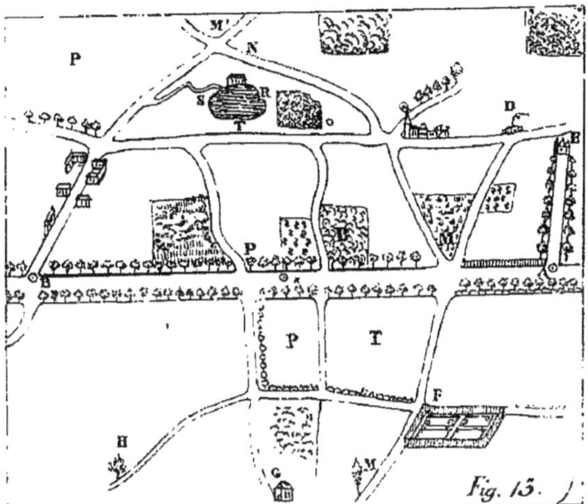

Fig. 13.

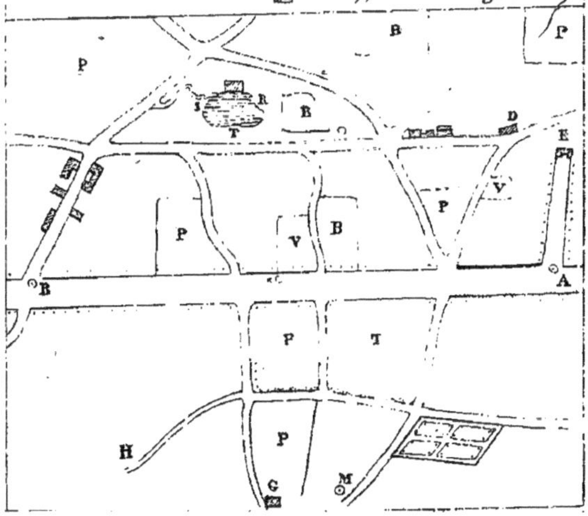

Pl. VI.

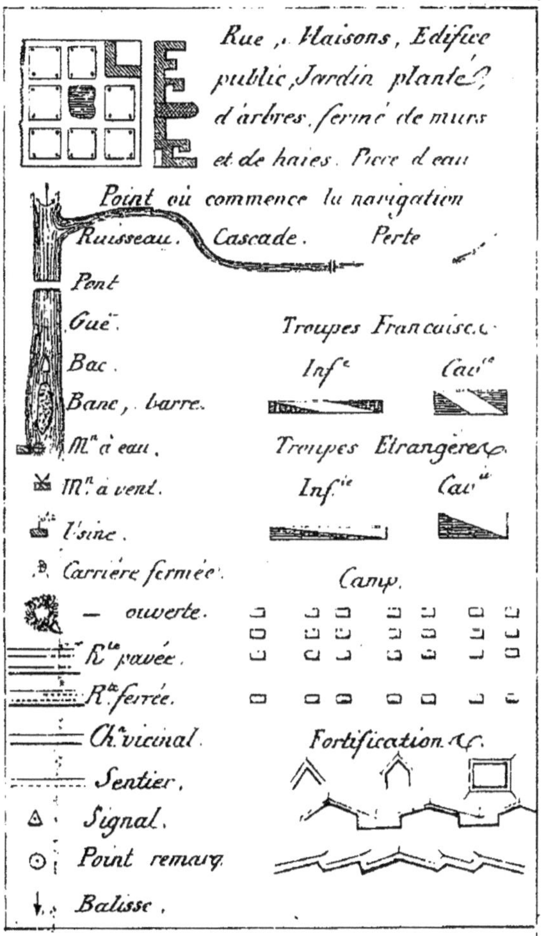
Rue, Maisons, Edifice public, Jardin planté d'arbres, fermé de murs et de haies. Piece d'eau
Point où commence la navigation
Ruisseau.
Cascade.
Perte
Pont
Gué.
Bac.
Banc, barre.
Mn à eau.
Mn à vent.
Usine.
Carrière fermée.
— ouverte.
Rte pavée.
Rte ferrée.
Ch.n vicinal.
Sentier.
Signal.
Point remarq.
Balisse.
Troupes Françaises.
Infie
Cavie
Troupes Etrangères.
Infie
Cavie
Camp.
Fortification &c.

Pl. VII.

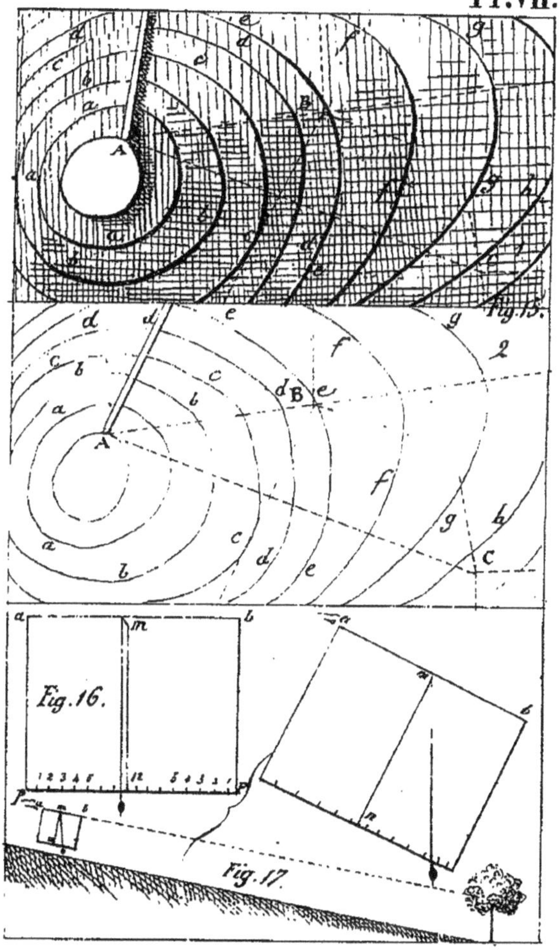

Fig. 15.

Fig. 16.

Fig. 17.

Pl.VIII.

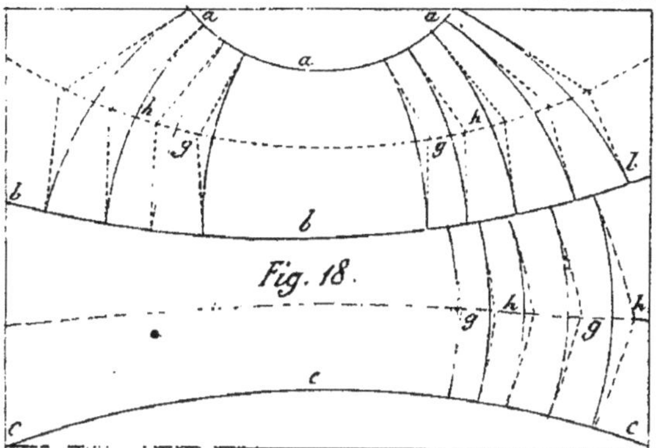

Fig. 18.

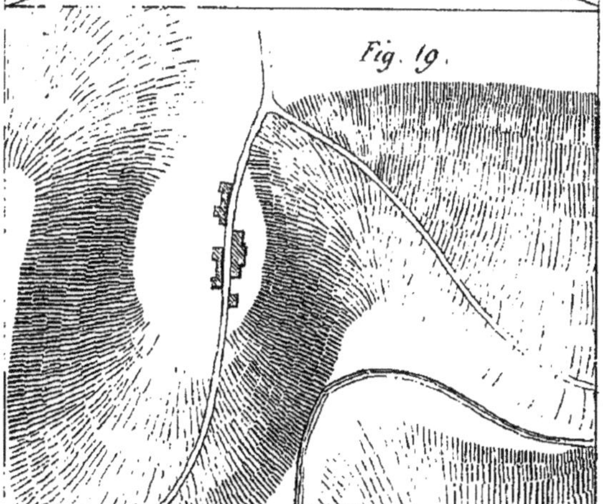

Fig. 19.

Pl. IX.

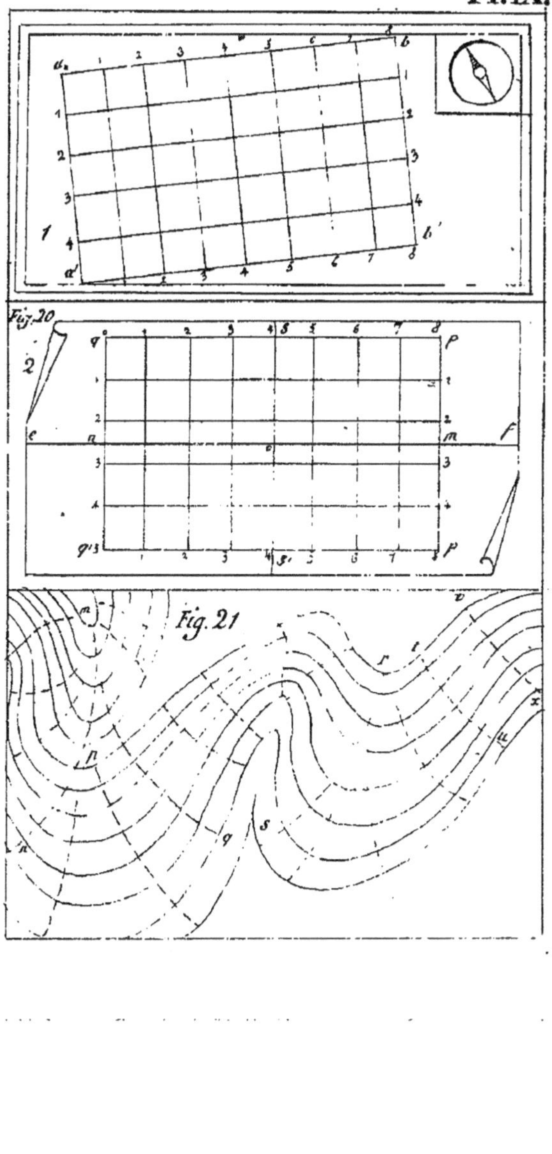

Pl. X.

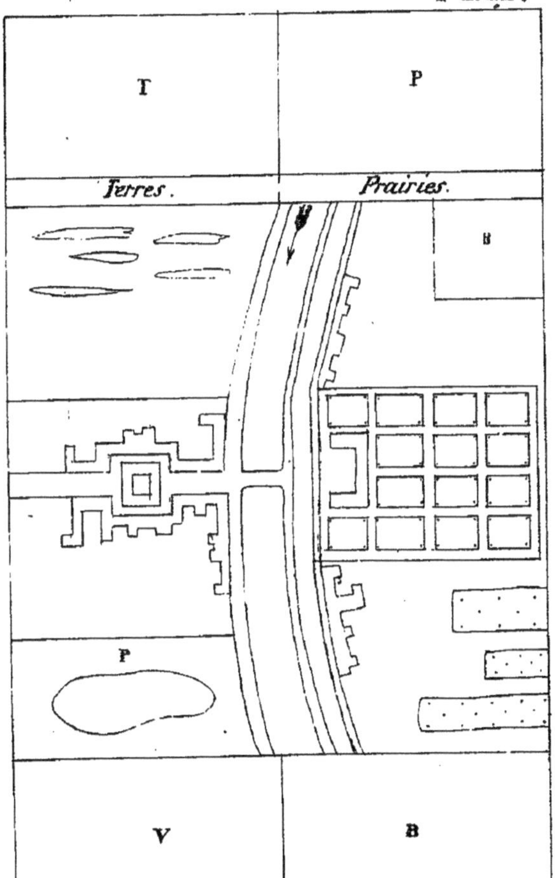

www.ingramcontent.com/pod-product-compliance
Lightning Source LLC
LaVergne TN
LVHW021523140926
848035LV00047B/1172